tin Meek

Illustrations
Ryan Head

Cynnwys   Contents

Cynnwys	Contents	
Croeso!	*Welcome!*	**4**
Cyfarchion ac ati	*Greetings etc.*	**6**
hoffi	*to like*	**8**
eisiau/isio	*to want*	**22**
Berfenwau	*Verb-nouns*	**29**
Geirfa ddefnyddiol	*Useful vocabulary*	**30**
gallu / medru	*to be able to*	**32**
Defnyddio'r amser presennol	*Using the present tense*	**42**
Rhagor o gwestiynau yn y presennol	*More questions in the present tense*	**46**
Sgwrsio am y tywydd ar-lein	*Chatting about the weather online*	**47**
Gaf i? / Ga i?	*May I?*	**50**
Defnyddio'r amser gorffennol	*Using the past tense*	**52**
Meddiant	*Possession*	**64**
Defnyddio'r amser amherffaith (Ro'n i)	*Using the imperfect tense (Ro'n i)*	**72**

Wyt ti wedi ...?	*Have you ...?*	**76**
Gorchmynion	*Commands*	**80**
Gorchmynion negyddol	*Negative commands*	**84**
fy, dy, eich, ei, ein, eu	*my, your, his, her, our, their*	**86**
sgrin y ffôn	*the phone's screen (the ... of the ...)*	**98**
Y Dyfodol	*The Future Tense*	**102**
rhaid	*must / have to*	**110**
Rhaid i fi/mi beidio ...	*I mustn't ...*	**116**
Cyn ...	*Before ...*	**120**
Ar ôl ...	*After ...*	**122**
hoff	*favourite*	**124**
Yr wyddor Gymraeg, rhifau, lliwiau, misoedd, dyddiau a nosweithiau'r wythnos	*The Welsh alphabet, numbers, colours, months, days and evenings of the week*	**Cover flaps**

Helô! Del dw i.

Croeso!

hello! Del dwee.

kroy-soh!

Hello! I'm Del!

Welcome!

Del
Emrys

Cyfarchion ac ati	***Greetings etc***
Sut wyt ti?	*How are you? (singular familiar)*
Sut dych chi? (S.W.) Sut dach chi? (N.W.)	*How are you? (singular formal or plural)*
Da iawn, diolch.	*Very good, thanks.*
Iawn.	*OK.*
Ofnadwy.	*Terrible.*
Wedi blino.	*Tired.*
Bore da!	*Good morning!*
Prynhawn da!	*Good afternoon!*
Noswaith dda!	*Good evening!*
Nos da!	*Good night!*
Hwyl!	*Good-bye!*
Hwyl am y tro!	*Bye for now!*
Esgusodwch fi.	*Excuse me.*
Plîs.	*Please.*

Diolch.	*Thanks/Thank you.*
Diolch yn fawr.	*Thanks a lot.*
Diolch yn fawr iawn.	*Thank you very much.*

Sori.	*Sorry.*

Delyth a Gareth

Huw

Beca

Nia a Gruff

hoffi	*to like*

Dw i'n hoffi …	*I like …*
Dw i'n hoffi *Facebook*.	*I like* Facebook.
Dw i'n hoffi *Instagram*.	*I like* Instagram.
Dw i'n hoffi *Snapchat*.	*I like* Snapchat.

Dw i ddim yn hoffi …	*I don't like …*
Dw i ddim yn hoffi *Trydar*.	*I don't like* Twitter.
Dw i ddim yn hoffi *TikTok*.	*I don't like* TikTok.
Dw i ddim yn hoffi *WhatsApp*.	*I don't like* WhatsApp.

Wyt ti'n hoffi *YouTube*?	*Do you like* YouTube?
Wyt ti'n hoffi *Pinterest*?	*Do you like* Pinterest
Ydw. / Nac ydw.	*Yes (I do). / No (I don't)*

Dw i'n hoffi'r cyfrifiadur.	*I like the computer.*
Dw i'n hoffi'r fideo.	*I like the video.*
Dw i'n hoffi'r dabled.	*I like the tablet.*

Dw i ddim yn hoffi'r llun.	*I don't like the picture.*
Dw i ddim yn hoffi'r e-lyfr.	*I don't like the ebook.*
Dw i ddim yn hoffi'r ap.	*I don't like the app.*

Dw i'n hoffi …	*I like …*
Dw i ddim yn hoffi …	*I don't like …*
Wyt ti'n hoffi …?	*Do you (singular familiar) like …?*

bancio ar-lein	*banking online*
bod ar y cyfrifiadur	*being on the computer*
chwarae gemau cyfrifiadur	*playing computer games*
edrych ar *Facebook*	*looking at* Facebook
defnyddio'r dabled	*using the tablet*
dilyn Del ar *Trydar*	*following Del on* Twitter
dilyn y newyddion	*following the news*
pori ar y we	*browsing on the web*

Rwyt ti'n hoffi *Facebook*.	*You (sing. familiar) like* Facebook.
Rwyt ti'n hoffi'r dabled.	*You like the tablet.*
Rwyt ti'n hoffi edrych ar *Instagram*.	*You like looking at* Instagram.
Rwyt ti'n hoffi bod ar y cyfrifiadur.	*You like being on the computer.*

Dwyt ti ddim yn hoffi *Trydar*.	*You (sing. familiar) don't like* Twitter.
Dwyt ti ddim yn hoffi'r fideo.	*You don't like the video.*
Dwyt ti ddim yn hoffi bancio ar-lein.	*You don't like banking online.*
Dwyt ti ddim yn hoffi chwarae gemau cyfrifiadur.	*You don't like playing computer games.*

Mae Del yn hoffi *Instagram*.	*Del likes* Instagram.
Mae Taid yn hoffi'r llun.	*Taid likes the photo.*
Mae Beca'n hoffi pori ar y we.	*Beca likes browsing on the web.*

Dyw e ddim yn hoffi *YouTube*. (S.W.) Dydy o ddim yn hoffi *YouTube*. (N.W.)	*He doesn't like* YouTube.
Dyw hi ddim yn hoffi'r e-lyfr. (S.W.) Dydy hi ddim yn hoffi'r e-lyfr. (N.W.)	*She doesn't like the ebook.*

Mae pawb yn hoffi'r fideo.	*Everyone likes the video.*
Mae pawb yn hoffi dilyn *Trydar*.	*Everyone likes following* Twitter.
Dyw pawb ddim yn hoffi edrych ar *TikTok*. (S.W.) Dydy pawb ddim yn hoffi edrych ar *TikTok*. (N.W.)	*Not everyone likes looking at* TikTok.

Ydy Taid yn hoffi'r ap?	*Does Taid like the app?*
Ydy e'n hoffi'r dabled? (S.W.) Ydy o'n hoffi'r dabled? (N.W.)	*Does he like the tablet?*
Ydy hi'n hoffi dilyn y newyddion?	*Does she like following the news?*
Ydy pawb yn hoffi pori ar y we?	*Does everyone like browsing on the web?*

Wyt ti'n hoffi'r llun, Beca?

Ooeet teen hoff-eer llcheen, Beca?

Do you like the photo, Beca?

Mae pawb yn hoffi'r lluniau!

mahee pahoowb uhn <u>hoff</u>-eer <u>llchin</u>-ee-yahee!

Everyone likes the photos!

Rhannu Lluniau

gwen.y.gath

'Dyn ni'n hoffi'r fideo. (S.W.) Dan ni'n hoffi'r fideo. (N.W.)	*We like the video.*
'Dyn ni'n hoffi dilyn *Trydar*. (S.W.) Dan ni'n hoffi dilyn *Trydar*. (N.W.)	*We like following* Twitter.

'Dyn ni ddim yn hoffi'r fideo. (S.W.) Dan ni ddim yn hoffi'r fideo. (N.W.)	*We don't like the video.*
'Dyn ni ddim yn hoffi dilyn *Trydar*. (S.W.) Dan ni ddim yn hoffi dilyn *Trydar*. (N.W.)	*We don't like following* Twitter.

Dych chi'n hoffi'r llun? (S.W.) Dach chi'n hoffi'r llun? (N.W.)	*Do you (singular formal and plural) like the photo?*
Dych chi'n hoffi'r ap? (S.W.) Dach chi'n hoffi'r ap? (N.W.)	*Do you like the app?*
Ydyn. / Nac ydyn. (S.W.) Ydan. /Nac ydan. (N.W.)	*Yes (we do). / No (we don't).*

Dych chi'n hoffi *Facebook*. (S.W.) Dach chi'n hoffi *Facebook*. *(N.W.)*	*You (singular formal and plural) like* Facebook.
Dych chi'n hoffi edrych ar *TikTok*. (S.W.) Dach chi'n hoffi edrych ar *TikTok*. (N.W.)	*You like looking at* TikTok.
Dych chi ddim yn hoffi pori ar y we. (S.W.) Dach chi ddim yn hoffi pori ar y we. (N.W.)	*You don't like the browsing on the web.*
Dych chi ddim yn hoffi bancio ar-lein. (S.W.) Dach chi ddim yn hoffi bancio ar-lein. (N.W.)	*You don't like banking online.*

Ydyn nhw'n hoffi *Trydar*?	*Do they like* Twitter?
Maen nhw'n hoffi'r llun.	*They like the photo.*
Maen nhw'n hoffi dilyn Del.	*They like following Del.*
'Dyn nhw ddim yn hoffi *Trydar*. (S.W.) Dydyn nhw ddim yn hoffi *Trydar*. (N.W.)	*They don't like* Twitter.

'Dyn ni'n hoffi dilyn y newyddion. (S.W.)

deen neen <u>hoff</u>-ee <u>dee</u>-lyn uh neh-oow-<u>uhth</u>-eeon

We like following the news.

Dan ni'n hoffi dilyn y newyddion. (N.W.)

CHWARAEON
SPORT
NEWYDDION
NEWS
#newyddion
#pêl-droed
#cymru

Dw i'n hoffi gwrando ar gerddoriaeth.

dween hoff-ee goowrahn-doh ahr gehrth-ohr-ee-eyeth

I like listening to music.

CH-CH-CH-CH-CH-

eisiau/isio	*to want*
Dw i eisiau sgwrsio. (S.W.) Dw i isio sgwrsio. (N.W.)	*I want to chat.*
Dw i eisiau anfon neges (S.W.) Dw i isio anfon neges. (N.W.)	*I want to send a message.*
Dw i eisiau gadael sylw. (S.W.) Dw i isio gadael sylw.(N.W.)	*I want to leave a comment.*
Dw i eisiau llwytho llun. (S.W.) Dw i isio llwytho llun. (N.W.)	*I want to upload a photo.*
Dw i eisiau lawrlwytho llun. (S.W.) Dw i isio lawrlwytho llun. (N.W.)	*I want to download a photo.*

Dw i ddim eisiau sgwrsio. (S.W.) Dw i ddim isio sgwrsio. (N.W.)	*I don't want to chat.*
Dw i ddim eisiau anfon neges. (S.W.) Dw i ddim isio anfon neges. (N.W.)	*I don't want to send a message.*
Dw i ddim eisiau gadael sylw. (S.W.) Dw i ddim isio gadael sylw. (N.W.)	*I don't want to leave a comment.*
Wyt ti eisiau sgwrsio? (S.W.) Wyt ti isio sgwrsio? (N.W.)	*Do you (singular familiar) want to chat?*
Dych chi eisiau gadael sylw? (S.W.) Dach chi isio gadael sylw? (N.W.)	*Do you (singular formal and plural) want to leave a comment?*
Ydw. / Nac ydw. (S.W.) Oes./Nac oes. (N.W.)	*Yes (I do). / No (I don't).*

Dw i eisiau mynd i Aberystwyth! (S.W.)

dwee eh-shy mihnd ee ah-bare-ust-wyth

I want to go to Aberystwyth!

Dw i isio mynd i Aberystwyth! (N.W.)

Rwyt ti eisiau tagio llun. (S.W.) Rwyt ti isio tagio llun. (N.W.)	*You (singular familiar) want to tag a photo.*
Rwyt ti eisiau rhannu llun. (S.W.) Rwyt ti isio rhannu llun. (N.W.)	*You want to share a photo.*

Dwyt ti ddim eisiau tagio llun. (S.W.) Dwyt ti ddim isio tagio llun. (N.W.)	*You (singular familiar) don't want to tag a photo.*
Dwyt ti ddim eisiau rhannu llun. (S.W.) Dwyt ti ddim isio rhannu llun. (N.W.)	*You don't want to share a photo.*

Mae Del eisiau sgwrsio. (S.W.) Mae Del isio sgwrsio. (N.W.)	*Del wants to chat.*
Mae e eisiau llwytho llun. (S.W.) Mae o isio llwytho llun. (N.W.)	*He wants to upload a photo.*

Dyw Del ddim eisiau sgwrsio. (S.W.) Dydy Del ddim isio sgwrsio. (N.W.)	*Del doesn't want to chat.*
Dyw hi ddim eisiau llwytho llun. (S.W.) Dydy hi ddim isio llwytho llun. (N.W.)	*She doesn't want to upload a photo.*

Ydy Taid eisiau sgwrsio? (S.W.) Ydy Taid isio sgwrsio? (N.W.)	*Does Taid want to chat?*
Ydy. / Nac ydy.	*Yes (he/she does). / No (he/she doesn't).*

'Dyn ni eisiau tagio llun. (S.W.) Dan ni isio tagio llun. (N.W.)	*We want to tag a photo.*
'Dyn ni ddim eisiau rhannu llun. (S.W.) Dan ni ddim isio rhannu llun. (N.W.)	*We don't want to share a photo.*

'DYN NI DDIM EISIAU RHANNU LLUN.

Dych chi eisiau sgwrsio. (S.W.) Dach chi isio sgwrsio. (N.W.)	*You (sing. formal and plural) want to chat.*
Dych chi ddim eisiau gadael sylw. (S.W.) Dach chi ddim isio gadael sylw. (N.W.)	*You don't want to leave a comment.*
Dych chi eisiau tagio llun? (S.W.) Dach chi isio tagio llun? (N.W.)	*Do you want to tag a photo?*
Ydyn. / Nac ydyn. (S.W.) Oes./Nac oes. (N.W.)	*Yes (we do). / No (we don't).*

Maen nhw eisiau tagio llun. (S.W.) Maen nhw isio tagio llun. (N.W.)	*They want to tag a photo.*
'Dyn nhw ddim eisiau rhannu llun. (S.W.) Dydyn nhw ddim isio rhannu llun. (N.W.)	*They don't want to share a photo.*
Ydyn nhw eisiau sgwrsio? (S.W.) Ydyn nhw isio sgwrsio? (N.W.)	*Do they want to chat?*
Ydyn. / Nac ydyn.	*Yes (they do). / No (they don't).*

Berfenwau	*Verb-nouns*
agor	*to open*
allgofnodi	*to log out*
cadw	*to save*
clicio (ar)	*to click (on)*
cofrestru	*to register*
copïo a gludo	*to copy and paste*
dileu	*to delete*
dilyn	*to follow*
llwytho	*to upload*
lawrlwytho	*to download*
mewngofnodi	*to log in*
mudo	*to mute*
newid	*to change*
pori	*to browse*
rhannu	*to share*
symud	*to move*
teipio	*to type*

Geirfa ddefnyddiol	*Useful vocabulary (* indicates feminine noun)*
argraffydd	*printer*
atodiad	*attachment*
batri	*battery*
bysellfwrdd	*keyboard*
camera	*camera*
cof bach	*memory stick*
cyfeiriad ebost	*email address*
cyfrif	*account*
cyfrinair/cyfrineiriau	*password/s*
cyfrifiadur/cyfrifiaduron	*computer/s*
digidol	*digital*
dilynwr/dilynwyr	*follower/s*
*dogfen/dogfennau	*document/s*
*dolen/dolenni	*link/s*
*ffeil/ffeiliau	*file/s*
*ffenest/ffenestri	*window/s*
*ffolder/ffolderi	*folder/s*
ffôn symudol	*mobile phone*

ffôn clyfar	*smartphone*
*ffon reoli	*joystick*
*galwad fideo	*video call*
gliniadur/gliniaduron	*laptop/s*
*gwefan/gwefannau	*website/s*
hashnod	*hashtag (#)*
hunlun/hunluniau	*selfie/s*
*llygoden	*mouse*
*malwen	*'at' sign (@)*
meicroffon	*microphone*
monitor	*monitor*
*neges (destun)	*(text) message*
porwr	*browser*
*rhaglen/rhaglenni	*programme*
seinydd/seinyddion	*speaker/s*
seinydd clyfar	*smart speaker*
sganiwr	*scanner*
*sgrin	*screen*
*tabled	*tablet*
testun	*text*

gallu / medru	*to be able to*
Dw i'n gallu mewngofnodi. (S.W.) Dw i'n medru mewngofnodi. (N.W.)	*I can/I'm able to log in.*
Dw i'n gallu allgofnodi. (S.W.) Dw i'n medru allgofnodi. (N.W.)	*I can/I'm able to log out.*
Dw i'n gallu gwylio'r fideo. (S.W.) Dw i'n medru gwylio'r fideo. (N.W.)	*I can/I'm able to watch the video.*
Dw i'n gallu darllen y neges. (S.W.) Dw i'n medru darllen y neges. (N.W.)	*I can/I'm able to read the message.*
Dw i'n gallu dileu'r neges. (S.W.) Dw i'n medru dileu'r neges. (N.W.)	*I can/I'm able to delete the message.*
Dw i'n gallu agor yr atodiad. (S.W.) Dw i'n medru agor yr atodiad. (N.W.)	*I can/I'm able to open the attachment.*
Dw i'n gallu gwneud galwad fideo. (S.W.) Dw i'n medru gwneud galwad fideo. (N.W.)	*I can/I'm able to make a video call.*

Dw i ddim yn gallu mewngofnodi. (S.W.) Dw i ddim yn medru mewngofnodi. (N.W.)	*I can't/I'm not able to log in.*
Dw i ddim yn gallu allgofnodi. (S.W.) Dw i ddim yn medru allgofnodi. (N.W.)	*I can't/I'm not able to log out.*
Dw i ddim yn gallu gwylio'r fideo. (S.W.) Dw i ddim yn medru gwylio'r fideo. (N.W.)	*I can't/I'm not able to watch the video.*
Dw i ddim yn gallu darllen y neges. (S.W.) Dw i ddim yn medru darllen y neges. (N.W.)	*I can't/I'm not able to read the message.*
Dw i ddim yn gallu dileu'r neges. (S.W.) Dw i ddim yn medru dileu'r neges. (N.W.)	*I can't/I'm not able to delete the message.*
Dw i ddim yn gallu agor yr atodiad. (S.W.) Dw i ddim yn medru agor yr atodiad. (N.W.)	*I can't/I'm not able to open the attachment.*
Dw i ddim yn gallu gwneud galwad fideo. (S.W.) Dw i ddim yn medru gwneud galwad fideo. (N.W.)	*I can't/I'm not able to make a video call.*

Dw i ddim yn gallu newid y llun! (S.W.)

Dwee thim uhn <u>ga</u>-llchee <u>nehoow</u>-id uh llcheen!

I can't change the picture!

Dw i ddim yn medru newid y llun! (N.W.)

Llun newydd Emrys

Taid, wyt ti'n byw yn Awstralia?

Dw i'n hoffi'r llun!

Llun da, Emrys!

Wyt ti'n gallu clywed? (S.W.) Wyt ti'n medru clywed? (N.W.)	*Can you/Are you (singular familiar) able to hear?*
Wyt ti'n gallu agor y ffeil? (S.W.) Wyt ti'n medru agor y ffeil? (N.W.)	*Can you/Are you able to open the file?*
Wyt ti'n gallu teipio? (S.W.) Wyt ti'n medru teipio? (N.W.)	*Can you/Are you able to type?*
Wyt ti'n gallu llwytho'r llun? (S.W.) Wyt ti'n medru llwytho'r llun? (N.W.)	*Can you/Are you able to upload the picture/photo?*
Wyt ti'n gallu lawrlwytho'r llun? (S.W.) Wyt ti'n medru lawrlwytho'r llun? (N.W.)	*Can you/Are you able to download the picture/ photo?*
Wyt ti'n gallu argraffu'r llun? (S.W.) Wyt ti'n medru argraffu'r llun? (N.W.)	*Can you/Are you able to print the picture/photo?*

Ydw. / Nac ydw.	*Yes (I can/I am). / No (I can't/I'm not).*

Dych chi'n gallu rhannu'r neges? (S.W.) Dach chi'n medru rhannu'r neges? (N.W.)	*Can you/Are you (singular formal and plural) able to share the message?*
Dych chi'n gallu agor y ffeil? (S.W.) Dach chi'n medru agor y ffeil? (N.W.)	*Can you/Are you able to open the file?*
Dych chi'n gallu tynnu hunlun? (S.W.) Dach chi'n medru tynnu hunlun? (N.W.)	*Can you/Are you able to take a selfie?*
Dych chi'n gallu llwytho'r llun? (S.W.) Dach chi'n medru llwytho'r llun? (N.W.)	*Can you/Are you able to upload the picture/photo?*
Dych chi'n gallu lawrlwytho'r llun? (S.W.) Dach chi'n medru lawrlwytho'r llun? (N.W.)	*Can you/Are you able to download the picture/ photo?*
Dych chi'n gallu clicio ar y ddolen? (S.W.) Dach chi'n medru clicio ar y ddolen? (N.W.)	*Can you/Are you able to click on the link?*

Ydw. / Nac ydw.	*Yes (I can/I am). / No (I can't/I'm not).*
Ydyn. / Nac ydyn. (S.W.) Ydan./Nac ydan.(N.W.)	*Yes (we can/we are). / No (we can't/we're not).*

Mae Del yn gallu rhannu'r llun. (S.W.) Mae Del yn medru rhannu'r llun. (N.W.)	*Del can/is able to share the picture/photo.*
Mae Beca'n gallu dileu'r llun. (S.W.) Mae Beca'n medru dileu'r llun. (N.W.)	*Beca can/is able to delete the picture/photo.*
Dyw Gareth ddim yn gallu agor y llun. (S.W.) Dydy Gareth ddim yn medru agor y llun. (N.W.)	*Gareth can't/is unable to open the picture/photo.*
Dyw Gareth ddim yn gallu gweld y neges. (S.W.) Dydy Gareth ddim yn medru gweld y neges. (N.W.)	*Gareth can't/is unable to see the message.*
Ydy Taid yn gallu llwytho'r llun? (S.W.) Ydy Taid yn medru llwytho'r llun? (N.W.)	*Is Taid able to upload the picture/photo?*
Ydy Beca'n gallu lawrlwytho'r llun? (S.W.) Ydy Beca'n medru lawrlwytho'r llun? (N.W.)	*Is Beca able to download the picture/photo?*

Ydy. / Nac ydy.	*Yes (he/she can/is). / No (he/she can't/is not).*

'Dyn ni'n gallu sgwrsio. (S.W.) Dan ni'n medru sgwrsio. (N.W.)	*We can chat.*
'Dyn ni'n gallu gwneud galwad fideo. (S.W.) Dan ni'n medru gwneud galwad fideo. (N.W.)	*We can make a video call.*
'Dyn ni'n gallu agor y ffeil. (S.W.) Dan ni'n medru agor y ffeil. (N.W.)	*We can open the file.*
'Dyn ni ddim yn gallu gweld y llun. (S.W.) Dan ni ddim yn medru gweld y llun. (N.W.)	*We can't/we're unable to see the picture/photo.*
'Dyn ni ddim yn gallu ffeindio'r wefan. (S.W.) Dan ni ddim yn medru ffeindio'r wefan. (N.W.)	*We can't/we're unable to find the website.*
'Dyn ni ddim yn gallu clicio ar y ddolen. (S.W.) Dan ni ddim yn medru clicio ar y ddolen. (N.W.)	*We can't/we're unable to click on the link.*

Dych chi'n gallu mynd ar y we. (S.W.) Dach chi'n medru mynd ar y we. (N.W.)	*You (singular formal and plural) can go on the web.*
Dych chi'n gallu cofrestru ar y we. (S.W.) Dach chi'n medru cofrestru ar y we. (N.W.)	*You can register on the web.*
Dych chi'n gallu prynu popeth ar y we. (S.W.) Dach chi'n medru prynu popeth ar y we. (N.W.)	*You can buy everything on the web.*
Dych chi ddim yn gallu cofrestru ar y we. (S.W.) Dach chi ddim yn medru cofrestru ar y we. (N.W.)	*You can't register on the web.*
Dych chi ddim yn gallu prynu popeth ar y we. (S.W.) Dach chi ddim yn medru prynu popeth ar y we. (N.W.)	*You can't buy everything on the web.*

Maen nhw'n gallu mynd ar y we. (S.W.) Maen nhw'n medru mynd ar y we. (N.W.)	*They can go on the web.*
'Dyn nhw ddim yn gallu prynu popeth ar y we. (S.W.) Dydyn nhw ddim yn medru prynu popeth ar y we. (N.W.)	*They can't buy everything on the web.*
Ydyn nhw'n gallu cofrestru ar y we? (S.W.) Ydyn nhw'n medru cofrestru ar y we? (N.W.)	*Can they/are they able to register on the web?*

Ydyn. / Nac ydyn.	*Yes (they can / they are).* *No (they can't / they are not).*

Defnyddio'r amser presennol	***Using the present tense***
Dw i'n defnyddio'r argraffydd.	*I'm using the printer.*
Dw i'n mwynhau gemau cyfrifiadur.	*I enjoy computer games.*
Dw i ddim yn cofio'r cyfeiriad ebost.	*I don't remember the email address.*
Dw i ddim yn mwynhau siopa ar-lein.	*I don't enjoy on-line shopping.*
Rwyt ti ar '*mute*'!	*You (singular familiar) are on 'mute'!*
Dwyt ti ddim ar y ffenest gywir!	*You're not on the correct window!*
Wyt ti'n clywed pawb?	*Do you (singular familiar) hear everyone?*
Wyt ti'n rhannu'r llun?	*Are you sharing the photo / picture?*
Mae e ar-lein nawr. (S.W.) Mae o ar-lein rŵan. (N.W.)	*He's on line now.*
Mae hi'n mynd i sgwrsio heno.	*She's going to chat tonight.*
Mae'r cyfarfod yn dechrau nawr. (S.W.) Mae'r cyfarfod yn cychwyn rŵan. (N.W.)	*The meeting is starting now.*

Dyw'r ddolen ddim yn gweithio. (S.W.) Dydy'r ddolen ddim yn gweithio. (N.W.)	*The link doesn't work.*
Ydy'r argraffydd yn gweithio?	*Is the printer working?*
Ydy'r cof bach yn gweithio?	*Does the memory stick work?*
Dych chi'n cwrdd ar *Discord?* (S.W.) Dach chi'n cyfarfod ar *Discord*? (N.W.)	*Do you (singular formal and plural) meet on* Discord?
Maen nhw'n dechrau'r cyfarfod nawr. (S.W.) Maen nhw'n cychwyn y cyfarfod rŵan. (N.W.)	*They're starting the meeting now.*
'Dyn nhw ddim yn defnyddio *Teams.* (S.W.) Dydyn nhw ddim yn defnyddio *Teams.* (N.W.)	*They don't use* Teams.

Dw i ddim yn deall acen y gogledd.

dwee thim uhn deh-ahllth ah-ken uh gogg-lehth

I don't understand the North Walian accent.

"Radio Cymru, plîs, Siri!"
"Dw i ddim yn deall acen y gogledd."

Rhagor o gwestiynau yn y presennol	***More questions in the present tense***
Ble mae'r ddolen? (S.W.) Lle mae'r ddolen? (N.W.)	*Where is the link?*
Ble mae'r cof bach? (S.W.) Lle mae'r cof bach? (N.W.)	*Where is the memory stick?*
Pam mae'r sgrin yn rhyfedd? Pam mae'r llun yn symud?	*Why is the screen odd?* *Why is the picture moving?*
Sut mae'r argraffydd yn gweithio?	*How does the printer work?*
Pwy yw'r person ar y dde/ y chwith? (S.W.) Pwy ydy'r person ar y dde/ y chwith? (N.W.)	*Who is the person on the right/the left?*
Beth yw'r cyfeiriad ebost? (S.W.) Be ydy'r cyfeiriad ebost? (N.W.)	*What's the email address?*
Beth sy'n bod ar y we? (S.W.) Be sy'n bod ar y we? (N.W.)	*What's wrong with the internet?*

Sgwrsio am y tywydd ar-lein	*Chatting about the weather online*
Sut mae'r tywydd yn Awstralia heddiw?	*How is the weather in Australia today?*
Yng Nghymru … / Yma …	*In Wales... /Here...*
Mae hi'n braf.	*It's fine.*
Mae hi'n hyfryd.	*It's lovely*
Mae hi'n oer.	*It's cold.*
Mae hi'n stormus.	*It's stormy.*
Mae hi'n sych.	*It's dry.*
Mae hi'n dwym. (S.W.) Mae hi'n boeth. (N.W.)	*It's hot.*
Mae hi'n gymylog.	*It's cloudy.*
Mae hi'n wlyb.	*It's wet.*
Mae hi'n wyntog.	*It's windy.*
Mae hi'n bwrw eira.	*It's snowing.*
Mae hi'n bwrw glaw.	*It's raining.*
Ydy hi'n boeth yn …?	*Is it hot in …?*
Ydy hi'n bwrw glaw?	*Is it raining?*
Ydy. / Nac ydy.	*Yes (it is). / No (it isn't).*

Ble 'dyn ni'n mynd?

(S.W.)

blair deen neen mihnd?

Where are we going?

Lle dan ni'n mynd? (N.W.)

Gaf i? (S.W.) **/ Ga i?** (N.W.)	**May I?**
Gaf i anfon neges?	*May I send a message?*
Ga i agor y ddogfen?	*May I open the document?*
Gaf i edrych ar y ffeil?	*May I look at the file?*
Ga i newid y ddogfen?	*May I change the document?*
Gaf i symud y llygoden?	*May I move the mouse?*
Ga i bori ar y we? (< pori)	*May I browse on the web?*
Gaf i droi'r cyfrifiadur ymlaen? (< troi)	*May I turn the computer on?*
Ga i gau'r ffenest? (< cau)	*May I close the window?*

Gaf i fenthyg y gliniadur? (< benthyg)	*May I borrow the laptop?*
Ga i ddileu'r ffeil? (< dileu)	*May I delete the file?*
Gaf i weld y neges? (< gweld)	*May I see the message?*
Ga i fewngofnodi? (< mewngofnodi)	*May I log in?*
Gaf i lenwi'r ffurflen? (< llenwi)	*May I fill in the form?*
Ga i rannu'r llun? (< rhannu)	*May I share the photo / picture?*

Cei. / Na chei.	*Yes (you may). / No (you may not). (singular familiar)*
Cewch. / Na chewch.	*Yes (you may). / No (you may not). (singular formal and plural)*

Defnyddio'r amser gorffennol	*Using the past tense*
Beth wnest ti ddoe? (S.W.) Be wnest ti ddoe? (N.W.)	*What did you (singular familiar) do yesterday?*
Beth wnaethoch chi ddoe? (S.W.) Be wnaethoch chi ddoe? (N.W.)	*What did you (singular formal and plural) do yesterday?*
Gwnes i bethau ar-lein. (S.W.) Mi wnes i bethau ar-lein. (N.W.)	*I did stuff online.*
Sgwrsiais i ar-lein ddoe. (S.W.) Mi wnes i sgwrsio ar-lein ddoe. (N.W.)	*I chatted online yesterday.*
Atebais i'r ebost. (S.W.) Mi wnes i ateb yr ebost. (N.W.)	*I answered the email.*
Prynais i bethau ar-lein. (S.W.) Mi wnes i brynu pethau ar-lein. (N.W.)	*I bought stuff online.*
Edrychais i ddim ar y wefan. (S.W.) Wnes i ddim edrych ar y wefan. (N.W.)	*I didn't look at the website.*
Wnes i ddim byd ar y cyfrifiadur.	*I didn't do anything on the computer.*
Weithiais i ddim ar y gliniadur. (S.W.) Wnes i ddim gweithio ar y gliniadur. (N.W.)	*I didn't work on the laptop.*

Beth wnaeth e/hi ddoe? (S.W.) Be wnaeth o/hi ddoe? (N.W.)	*What did he/she do yesterday?*
Gwnaeth hi bethau ar-lein. (S.W.) Mi wnaeth hi bethau ar-lein. (N.W.)	*She did stuff online.*
Chwaraeodd hi gemau cyfrifiadur. (S.W.) Mi wnaeth hi chwarae gemau cyfrifiadur. (N.W.)	*She played computer games.*
Atebodd Gareth yr ebost. (S.W.) Mi wnaeth Gareth ateb yr ebost. (N.W.)	*Gareth answered the email.*
Prynodd Taid bethau ar-lein. (S.W.) Mi wnaeth Taid brynu pethau ar-lein. (N.W.)	*Taid bought stuff online.*
Edrychodd o ddim ar y wefan. Wnaeth o ddim edrych ar y wefan. (N.W.)	*He didn't look at the website.*
Wnaeth hi ddim byd ar y cyfrifiadur.	*She didn't do anything on the computer.*
Weithiodd e ddim ar y gliniadur. (S.W.) Wnaeth o ddim gweithio ar y cyfrifiadur. (N.W.)	*He didn't work on the laptop.*

Dysgodd Taid ddawns feiral neithiwr. (S.W.)

dusk-ohth Tied thowns vay-rahl neigh-theeoor

Taid learnt a viral dance last night.

Mi wnaeth Taid ddysgu dawns feiral neithiwr. (N.W.)

Beth wnaethoch chi ddoe? (S.W.) Be wnaethoch chi ddoe? (N.W.)	*What did you (singular formal and plural) do yesterday?*
Gwylion ni fideo. (S.W.) Mi wnaethon ni wylio fideo. (N.W.)	*We watched a video.*
Lawrlwython ni'r ffeil. (S.W.) Mi wnaethon ni lawrlwytho'r ffeil. (N.W.)	*We downloaded the file.*
Anfonon ni'r ddogfen. (S.W.) Mi wnaethon ni anfon y ddogfen. (N.W.)	*We sent the document.*
Tagion ni'r lluniau. (S.W.) Mi wnaethon ni dagio'r lluniau. (N.W.)	*We tagged the photos.*
Rhannon ni'r lluniau. (S.W.) Mi wnaethon ni rannu'r lluniau. (N.W.)	*We shared the photos.*
Edrychon ni ddim ar *Facebook*. (S.W.) Wnaethon ni ddim edrych ar *Facebook*. (N.W.)	*We didn't look at* Facebook.

Beth wnaethon nhw ddoe? (S.W.) Be wnaethon nhw ddoe? (N.W.)	*What did they do yesterday?*
Gwylion nhw fideo. (S.W.) Mi wnaethon nhw wylio fideo. (N.W.)	*They watched a video.*
Lawrlwython nhw'r ffeil. (S.W.) Mi wnaethon nhw lawrlwytho'r ffeil. (N.W.)	*They downloaded the file.*
Anfonon nhw'r ddogfen. (S.W.) Mi wnaethon nhw anfon y ddogfen. (N.W.)	*They sent the document.*
Tagion nhw'r lluniau. (S.W.) Mi wnaethon nhw dagio'r lluniau. (N.W.)	*They tagged the photos.*
Rhannon nhw'r llun. (S.W.) Mi wnaethon nhw rannu'r llun. (N.W.)	*They shared the photo.*
Edrychon nhw ddim ar *Facebook*. (S.W.) Wnaethon nhw ddim edrych ar *Facebook*. (N.W.)	*They didn't look at* Facebook.

Gest ti neges?	*Did you (singular familiar) get a message?*

Do. / Naddo.	*Yes. / No.*

Ces i/Ges i ebost prynhawn ddoe. (S.W.) Mi ges i ebost prynhawn ddoe. (N.W.)	*I had / received a message yesterday afternoon.*
Ches i ddim atodiad.	*I didn't get an attachment.*
Ches i ddim dolen.	*I didn't get a link.*

Gafodd e'r ffeil? (S.W.) Gaeth o'r ffeil? (N.W.)	*Did he get the file?*

Do. / Naddo.	*Yes. / No.*

Cafodd Del ffôn clyfar newydd. (S.W.) Mi gaeth Del ffôn clyfar newydd. (N.W.)	*Del got a new smartphone.*
Chafodd Gareth ddim dogfen. (S.W.) Gaeth Gareth ddim dogfen. (N.W.)	*Gareth didn't get a document.*

Gawsoch chi'r neges destun? (S.W.) Gaethoch chi'r neges destun? (N.W.)	*Did you (singular formal and plural) get the text message?*

Do. / Naddo.	*Yes. / No.*

Cawson ni'r ffeil neithiwr. (S.W.) Mi gaethon ni'r ffeil neithiwr. (N.W.)	*We got / received the file last night.*
Chawson ni ddim neges ddoe. (S.W.) Chaethon ni ddim neges ddoe. (N.W.)	*We didn't get / receive a message yesterday*

Gawson nhw'r ddogfen? (S.W.) Gaethon nhw'r ddogfen? (N.W.)	*Did they get / receive the file?*

Do. / Naddo.	*Yes. / No.*

Cawson nhw'r ddogfen y bore 'ma. (S.W.) Mi gaethon nhw'r ddogfen bore 'ma. (N.W.)	*They got / received the document this morning.*
Chawson nhw ddim dolen ddoe. (S.W.) Chaethon nhw ddim dolen ddoe. (N.W.)	*They didn't get / receive a link yesterday.*

Ces i ddigon ddoe.

(S.W.)

care see <u>thee</u>-gone thoi

I had enough yesterday.

Mi ges i ddigon ddoe. (N.W.)

Est ti ar-lein neithiwr?	*Did you (singular familiar) go online last night?*

Do. / Naddo.	*Yes. / No.*

Es i ar y wefan newydd. (S.W.) Mi es i ar y wefan newydd. (N.W.)	*I went on the new website.*
Es i ddim i'r cyfarfod *Zoom*.	*I didn't go to the Zoom meeting.*

Aeth Gareth ar y wefan newydd?	*Did Gareth go on the new website?*

Do. / Naddo.	*Yes. / No.*

Aeth e ar y we. (S.W.) Mi aeth o ar y we. (N.W.)	*He went on the web.*
Aeth hi ddim ar y we.	*She didn't go on the web.*

Aethoch chi ar-lein neithiwr?	*Did you (singular formal and plural) go online last night?*
Do. / Naddo.	*Yes. / No.*
Aethon ni ar y wefan newydd. (S.W.) Mi aethon ni ar y wefan newydd. (N.W.)	*We went on the new website.*
Aethon ni ddim i'r cyfarfod *Zoom*.	*We didn't go to the* Zoom *meeting.*
Aethon nhw ar y wefan newydd?	*Did they go on the new website?*
Do. / Naddo.	*Yes. / No.*
Aethon nhw i'r cyfarfod *WhatsApp*. (S.W.) Mi aethon nhw i'r cyfarfod *WhatsApp*. (N.W.)	*They went to the* WhatsApp *meeting.*
Aethon nhw ddim ar y we.	*They didn't go on the internet.*

Meddiant	*Possession*
Oes seinydd clyfar gyda ti? (S.W.) Sgen ti seinydd clyfar? (N.W.)	*Have you (singular familiar) got a smart speaker?*
Oes. / Nac oes.	*Yes. / No.*
Mae meicroffon gyda fi. (S.W.) Mae gen i feicroffon. (N.W.)	*I've got a microphone.*
Mae cyfeiriad ebost gyda fi. (S.W.) Mae gen i gyfeiriad ebost. (N.W.)	*I've got an email address.*
Does dim ffôn newydd gyda fi. (S.W.) Sgen i ddim ffôn newydd. (N.W.)	*I haven't got a new phone.*
Does dim dolen gyda fi. (S.W.) Sgen i ddim dolen. (N.W.)	*I haven't got a link.*

SGEN I DDIM FFÔN NEWYDD.

Oes sganiwr gyda chi? (S.W.) Sgynnoch chi sganiwr? (N.W.)	*Have you (singular formal and plural) got a scanner?*

Oes. / Nac oes.	*Yes. / No.*

Mae tudalen *Facebook* gyda ni. (S.W.) Mae gynnon ni dudalen *Facebook*. (N.W.)	*We've got a* Facebook *page.*
Mae cyfrif *Trydar* gyda ni. (S.W.) Mae gynnon ni gyfrif *Trydar*. (N.W.)	*We've got a* Twitter *account.*
Does dim gwefan gyda ni. (S.W.) Sgynnon ni ddim gwefan. (N.W.)	*We haven't got a website.*
Does dim cyfeiriad ebost gyda ni. (S.W.) Sgynnon ni ddim cyfeiriad ebost. (N.W.)	*We haven't got an email address.*

Mae gêm dda gyda fi. (S.W.)

mahee gehm ddah
guh-dah vee

I've got a good game.

Mae gen i gêm dda. (N.W.)

Does dim amser gyda fi i aros! (S.W.)

doys dim ahm-sehr guh-dah vee ee ah-ross

I haven't got time to wait!

Sgen i ddim amser i aros! (N.W.)

Oes tabled gyda hi? (S.W.) Sgynni hi dabled? (N.W.)	*Has she got a tablet?*
Oes. / Nac oes.	*Yes. / No.*
Mae cyfrifiadur gyda hi. (S.W.) Mae gynni hi gyfrifiadur. (N.W.)	*She's got a computer.*
Does dim tabled gyda hi. (S.W.) Sgynni hi ddim tabled. (N.W.)	*She hasn't got a tablet.*
Oes tudalen *Facebook* gyda fe? (S.W.) Sgynno fo dudalen *Facebook*? (N.W.)	*Has he got a* Facebook *page?*
Oes. / Nac oes.	*Yes. / No.*
Mae cyfrif *Trydar* gyda fe. (S.W.) Mae gynno fo gyfrif *Trydar*. (N.W.)	*He's got a* Twitter *account.*
Does dim cyfrif *Instagram* gyda fe. (S.W.) Sgynno fo ddim cyfrif *Instagram*. (N.W.)	*He hasn't got an* Instagram *account.*

Oes gwefan gyda nhw? (S.W.) Sgynnyn nhw wefan? (N.W.)	*Have they got a website?*

Oes. / Nac oes.	*Yes. / No.*

Mae tudalen *Facebook* gyda nhw. (S.W.) Mae gynnyn nhw dudalen *Facebook*. (N.W.)	*They've got a* Facebook *page.*
Mae radio digidol gyda nhw. (S.W.) Mae gynnyn nhw radio digidol . (N.W.)	*They've got a digital radio.*
Does dim cyfrif *Trydar* gyda nhw. (S.W.) Sgynnyn nhw ddim cyfrif *Trydar*. (N.W.)	*They haven't got a* Twitter *account.*
Does dim dilynwyr gyda nhw. (S.W.) Sgynnyn nhw ddim dilynwyr. (N.W.)	*They haven't got followers.*

Defnyddio'r amser amherffaith	***Using the imperfect tense***
Ro'n i'n arfer chwarae *Space Invaders*.	*I used to play* Space Invaders.
Ro'n i'n arfer dilyn Madonna ar *Trydar*.	*I used to follow Madonna on* Twitter.
Do'n i ddim yn arfer chwarae *Nintendo*.	*I didn't use to play* Nintendo.
Do'n i ddim yn arfer chwarae gemau cyfrifiadur.	*I didn't use to play computer games.*

Beth amdanat ti? (S.W.) Be amdanat ti? (N.W.)	*How about you? (singular familiar)*
O't ti'n arfer chwarae *Minecraft*? (S.W.) Oeddet ti'n arfer chwarae *Minecraft*? (N.W.)	*Did you (singular familiar) use to play* Minecraft*?*
O't ti'n arfer dilyn seleb? (S.W.) Oeddet ti'n arfer dilyn seleb? (N.W.)	*Did you (singular familiar) use to follow a celebrity?*

O'n. / Nac o'n.	*Yes (I did). / No (I didn't).*

Ro'n ni'n arfer chwarae *Minecraft*. (S.W.) Roedden ni'n arfer chwarae *Minecraft*. (N.W.)	*We used to play Minecraft.*
Do'n ni ddim yn arfer dilyn seleb. (S.W.) Doedden ni ddim yn arfer dilyn seleb. (N.W.)	*We didn't use to follow a celebrity.*

Beth amdanoch chi? (S.W.) Be amdanoch chi? (N.W.)	*How about you? (singular formal and plural)*
O'ch chi'n arfer chwarae *Pac-Man*? (S.W.) Oeddech chi'n arfer chwarae *Pac-Man*? (N.W.)	*Did you (singular formal and plural) use to play Pac-Man?*
O't ti'n arfer dilyn pawb? (S.W.) Oeddet ti'n arfer dilyn pawb? (N.W.)	*Did you (singular familiar) use to follow everyone?*

O'n. / Nac o'n. (S.W.) Oedden. / Nac oedden. (N.W.)	*Yes (We did). / No (We didn't).*

Ro'n i'n arfer edrych yn dda mewn lluniau!

rhone een <u>ahr-v</u>er <u>ed</u>-reekch uhn thah mehoown <u>llcheen</u>-ee-eye

I used to take a good photo!

Wyt ti wedi ...?	***Have you ...?***
Wyt ti wedi anfon neges?	*Have you (singular familiar) sent a message?*
Wyt ti wedi derbyn y neges?	*Have you received the message?*
Wyt ti wedi atodi llun?	*Have you attached a photo?*
Wyt ti wedi atodi'r ddogfen?	*Have you attached the document?*
Wyt ti wedi colli cof bach?	*Have you lost a memory stick?*
Wyt ti wedi colli'r cyfeiriad ebost?	*Have you lost the email address?*
Dych chi wedi gludo'r testun? (S.W.) Dach chi wedi gludo'r testun? (N.W.)	*Have you (singular formal and plural) pasted the text?*
Dych chi wedi clicio ar y ddolen? (S.W.) Dach chi wedi clicio ar y ddolen? (N.W.)	*Have you clicked on the link?*
Dych chi wedi cofio'r atodiad? (S.W.) Dach chi wedi cofio'r atodiad? (N.W.)	*Have you remembered the attachment?*
Dych chi wedi anghofio'r cyfrinair? (S.W.) Dach chi wedi anghofio'r cyfrinair? (N.W.)	*Have you forgotten the password?*
Ydw. / Nac ydw. (S.W.) Ydyn. / Nac ydyn. (S.W.) Do. / Naddo. (N.W.)	Yes (I have). / No (I haven't). Yes (we have). / No (we haven't).

Dw i wedi anfon neges. Dw i wedi copïo'r testun.	*I've sent a message.* *I've copïed the text.*
Dw i ddim wedi gludo llun. Dw i ddim wedi anghofio'r atodiad.	*I haven't pasted a picture/ photo.* *I haven't forgotten the attachment.*
'Dyn ni wedi anghofio rhywbeth. (S.W.) Dan ni wedi anghofio rhywbeth. (N.W.)	*We've forgotten something.*
'Dyn ni ddim wedi derbyn y neges. (S.W.) Dan ni ddim wedi derbyn y neges. (N.W.)	*We haven't received the message.*

Ydy hi wedi cadw'r atodiad?	*Has she saved the attachment?*
Ydy e wedi ateb y neges? (S.W.) Ydy o wedi ateb y neges? (N.W.)	*Has he answered the message?*

Ydy. / Nac ydy. (S.W.) Do. / Naddo. (N.W.)	*Yes (he/she has). /* *No (he/she hasn't).*

Mae hi wedi clicio ar y ddolen.	*She's clicked on the link.*
Dyw e ddim wedi gweld y neges. (S.W.) Dydy o ddim wedi gweld y neges. (N.W.)	*He hasn't seen the message.*

O na! Dw i wedi colli'r cyfrinair!

oh nah! dwee wed-ee cohllth-eer cuhv-reen-eye-r

O no! *I've lost the password!*

3mry5£!
3mry5£!

Gorchmynion (ti)	*Commands (singular familiar)*
Mewngofnoda.	*Log in.*
Allgofnoda.	*Log out.*
Anfona ffeil.	*Send a file.*
Gadawa sylw.	*Leave a comment.*
Cofia gofrestru.	*Remember to register.*
Agora'r neges.	*Open the message.*
Cadwa'r ddogfen.	*Save the document.*
Cofia'r atodiad.	*Remember the attachment.*
Tagia'r llun.	*Tag the photo.*
Lawrlwytha'r ddogfen.	*Download the document.*
Caea'r ffenest.	*Close the window.*
Dilea'r neges.	*Delete the message.*
Rho'r cyfrinair yn saff.	*Put the password safe.*
Clicia ar y llun.	*Click on the photo / picture.*
Clicia ar y ddolen.	*Click on the link.*
Cer i'r wefan. (S.W.) Dos i'r wefan. (N.W.)	*Go to the website.*

Gorchmynion (chi)	*Commands (singular formal and plural)*
Mewngofnodwch.	*Log in.*
Allgofnodwch.	*Log out.*
Anfonwch ffeil.	*Send a file.*
Gadewch sylw.	*Leave a comment.*
Cofiwch gofrestru.	*Remember to register.*
Agorwch y neges.	*Open the message.*
Cadwch y ddogfen.	*Save the document.*
Cofiwch yr atodiad.	*Remember the attachment.*
Tagiwch y llun.	*Tag the photo.*
Lawrlwythwch y ddogfen.	*Download the document.*
Caewch y ffenest.	*Close the window.*
Dilëwch y neges.	*Delete the message.*
Rhowch y cyfrinair yn saff.	*Put the password safe.*
Cliciwch ar y llun.	*Click on the photo / picture.*
Cliciwch ar y ddolen.	*Click on the link.*
Cerwch i'r wefan. (S.W.) Ewch i'r wefan. (N.W.)	*Go to the website.*

Symuda'r camera, Taid!

suh-<u>mead</u>-are
camera Tied

Move the camera, Taid!

Gorchmynion negyddol (ti)	*Negative commands (singular familiar)*
Paid â symud y llygoden.	*Don't move the mouse.*
Paid â newid y sgrin.	*Don't change the screen.*
Paid â lawrlwytho'r ddogfen.	*Don't download the document.*
Paid â gludo'r testun.	*Don't paste the text.*
Paid â mynd i'r wefan.	*Don't go to the website.*
Paid â gwylio'r fideo.	*Don't watch the video.*
Paid â thorri'r sgrin. (< torri)	*Don't break the screen.*
Paid â chlicio ar y ddolen. (< clicio)	*Don't click on the link.*
Paid â chopïo'r ffeil. (< copïo)	*Don't copy the file.*
Paid â phori drwy'r nos! (< pori)	*Don't browse all night!*
Paid ag allgofnodi.	*Don't log out.*
Paid ag argraffu'r ddogfen.	*Don't print the document.*
Paid ag edrych ar y neges.	*Don't look at the message.*

Gorchmynion negyddol (chi)	***Negative commands (singular formal and plural)***
Peidiwch â symud y llygoden.	*Don't move the mouse.*
Peidiwch â newid y ffenest.	*Don't change the window.*
Peidiwch â lawrlwytho'r ddogfen.	*Don't download the document.*
Peidiwch â gludo'r testun.	*Don't paste the text.*
Peidiwch â mynd i'r wefan.	*Don't go to the website.*
Peidiwch â gwylio'r fideo.	*Don't watch the video.*
Peidiwch â thorri'r sgrin. (< torri)	*Don't break the screen.*
Peidiwch â chlicio ar y ddolen. (< clicio)	*Don't click on the link.*
Peidiwch â chopïo'r ffeil. (< copïo)	*Don't copy the file.*
Peidiwch â phori drwy'r nos! (< pori)	*Don't browse all night!*
Peidiwch ag allgofnodi.	*Don't log out.*
Peidiwch ag argraffu'r ddogfen.	*Don't print the document.*
Peidiwch ag edrych ar y neges.	*Don't look at the message.*

fy … i	my …
fy ffôn i	*my phone*
Ble mae fy ffôn i? (S.W.) Lle mae fy ffôn i? (N.W.)	*Where's my phone?*
fy neges i	*my message*
Paid â rhannu fy neges i.	*Don't share my message.*
fy mhorwr i (< porwr)	*my browser*
Dw i'n mynd i newid fy mhorwr i.	*I'm going to change my browser.*
fy nhabled i (< tabled)	*my tablet*
Dw i'n hoffi fy nhabled i.	*I like my tablet.*
fy nghyfrinair i (< cyfrinair)	*my password*
Dw i wedi anghofio fy nghyfrinair i!	*I've forgotten my password!*
fy mysellfwrdd i (< bysellfwrdd)	*my keyboard*
Mae fy mysellfwrdd i wedi torri.	*My keyboard is broken.*

fy nogfen i (< dogfen)	*my document*
Wyt ti wedi darllen fy nogfen i?	*Have you (singular familiar) read my document?*
fy ngliniadur i (< gliniadur)	*my laptop*
Paid â defnyddio fy ngliniadur i!	*Don't use my laptop!*
fy meicroffon i	*my microphone*
Beth sy'n bod ar fy meicroffon i?	*What's wrong with my microphone?*
fy llygoden i	*my mouse*
Dw i ddim yn gallu symud fy llygoden i. (S.W.) Dw i ddim yn medru symud fy llygoden i. (N.W.)	*I can't move my mouse.*
fy rhaglen i	*my program*
Dw i'n hoffi fy rhaglen newydd i.	*I like my new program.*

Peidiwch â dweud ble mae fy arian i! (S.W.)

paid-eeoowch ah do-aid blair mahee vuh ahr-eeann ee!

Don't say where my money is!

Peidiwch â deud lle mae fy mhres i! (N.W.)

dy … di	***your… (singular familiar)***
dy ffôn di	*your phone (singular familiar)*
Mae dy ffôn di'n canu.	*Your phone is ringing. (singular familiar)*
dy neges di	*your message*
Diolch am dy neges di.	*Thank you for your message.*
dy borwr di (< porwr)	*your browser*
Wyt ti'n mynd i newid dy borwr di?	*Are you going to change your browser?*
dy dabled di (< tabled)	*your tablet*
Dw i'n hoffi dy dabled di.	*I like your tablet.*
dy gyfeiriad ebost di (< cyfeiriad)	*your email address*
Beth yw dy gyfeiriad ebost di? (S.W.) Be ydy dy gyfeiriad ebost di? (N.W.)	*What's your email address?*
dy fysellfwrdd di (< bysellfwrdd)	*your keyboard*
Ydy dy fysellfwrdd di wedi torri?	*Is your keyboard broken?*
dy ddogfen di (< dogfen)	*your document*
Dw i wedi darllen dy ddogfen di.	*I have read your document.*

Welsh	English
dy liniadur di (< gliniadur)	*your laptop*
Ble mae dy liniadur di? S.W.) Lle mae dy liniadur di? (N.W.)	*Where's your laptop?*
dy feicroffon di (< meicroffon)	*your microphone*
Beth sy'n bod ar dy feicroffon di? (S.W.) Be sy'n bod ar dy feicroffon di? (N.W.)	*What's wrong with your microphone?*
dy lygoden di (< llygoden)	*your mouse*
Ydy dy lygoden di ar y ddesg?	*Is your mouse on the desk?*
dy raglen di (< rhaglen)	*your program*
Dw i'n hoffi dy raglen newydd di.	*I like your new program.*
eich … chi	***your … (singular formal and plural)***
eich ffôn chi	*your phone (singular formal and plural)*
Mae eich ffôn chi'n canu.	*Your phone is ringing.*
eich cyfeiriad ebost chi	*your email address*
Beth yw eich cyfeiriad ebost chi? (S.W.) Be ydy eich cyfeiriad ebost chi? (N.W.)	*What's your email address?*
eich hunlun chi	*your selfie*
Dw i wedi gweld eich hunlun chi.	*I have seen your selfie.*

"Cofia gadw dy ddyfeisiau di'n saff."

"Nid yn y sêff, Taid!"

<u>kohv</u>-eeah <u>gah</u>-doo duh thuhv-<u>eh</u>-shy deen sahff

nid uhn uh saafe, Tied

"Remember to keep your devices secure."

"Not in the safe, Taid!"

ei … e/o	***his …***
ei ffôn e/o	*his phone*
Mae ei ffôn e'n canu. (S.W.) Mae ei ffôn o'n canu. (N.W.)	*His phone is ringing.*
ei borwr e/o (< porwr)	*his browser*
Ydy ei borwr e'n dda? (S.W.) Ydy ei borwr o'n dda? (N.W.)	*Is his browser good?*
ei dabled e/o (< tabled)	*his tablet*
Ble mae ei dabled e? (S.W.) Lle mae ei dabled o? (N.W.)	*Where is his tablet?*
ei gyfeiriad ebost e/o (< cyfeiriad)	*his email address*
Collais i ei gyfeiriad ebost e. (S.W.) Mi wnes i golli ei gyfeiriad ebost o. (N.W.)	*I lost his email address.*
ei fysellfwrdd e/o (< bysellfwrdd)	*his keyboard*
Ydy ei fysellfwrdd e wedi torri? (S.W.) Ydy ei fysellfwrdd o wedi torri? (N.W.)	*Is his keyboard broken?*

ei ddogfen e/o (< dogfen)	*his document*
Gaf i ddarllen ei ddogfen e? (S.W.) Ga i ddarllen ei ddogfen o? (N.W.)	*May I read his document?*
ei liniadur e/o (< gliniadur)	*his laptop*
Dw i ddim wedi gweld ei liniadur e. (S.W.) Dw i ddim wedi gweld ei liniadur o. (N.W.)	*I haven't seen his laptop.*
ei feicroffon e/o (< meicroffon)	*his microphone*
Ydy ei feicroffon e'n gweithio? (S.W.) Ydy ei feicroffon o'n gweithio? (N.W.)	*Is his microphone working?*
ei lygoden e/o	*his mouse*
Mae ei lygoden e ar y ddesg. (S.W.) Mae ei lygoden o ar y ddesg. (N.W.)	*His mouse is on the desk*
ei raglen e/o (< rhaglen)	*his program*
Dw i'n hoffi ei raglen newydd e. (S.W.) Dw i'n hoffi ei raglen newydd o. (N.W.)	*I like his new program.*

ei … hi	***her…***
ei neges hi Dw i ddim wedi derbyn ei neges hi.	*her message* *I haven't received her message.*
ei phorwr hi (< porwr) Ydy ei phorwr hi'n dda?	*her browser* *Is her browser good?*
ei thabled hi (< tabled) Ble mae ei thabled hi? (S.W.) Lle mae ei thabled hi? (N.W.)	*her tablet* *Where is her tablet?*
ei chyfeiriad ebost hi (< cyfeiriad) Beth yw ei chyfeiriad ebost hi? (S.W.) Be ydy ei chyfeiriad ebost hi? (N.W.)	*her email address* *What's her email address?*
ei hatodiad hi (< atodiad) Dw i ddim wedi cael ei hatodiad hi.	*her attachment* *I haven't received her attachment.*

ein … ni	**our …**
ein neges ni Ydy ein neges ni wedi cyrraedd?	*our message* *Has our message arrived?*
ein gwefan ni Mae ein gwefan ni'n newydd.	*our website* *Our website is new.*
ein hargraffydd ni (< argraffydd) Mae ein hargraffydd ni wedi torri.	*our printer* *Our printer has broken.*
eu … nhw	***their …***
eu dilynwyr nhw Mae eu dilynwyr nhw'n hapus.	*their followers* *Their followers are happy.*
eu gwefan nhw Ydy eu gwefan nhw'n gweithio?	*their website* *Does their website work?*
eu hatodiadau nhw (< atodiadau) Mae eu hatodiadau nhw wedi cyrraedd.	*their attachments* *Their attachments have arrived.*

YDY EU GWEFAN NHW'N GWEITHIO?

sgrin y ffôn Mae sgrin y ffôn wedi torri.	***the phone's screen*** *The phone's screen has broken.*
sgrin y cyfrifiadur Mae sgrin y cyfrifiadur yn rhyfedd.	*the computer screen* *the computer screen is odd.*
cyfeiriad y wefan Beth yw cyfeiriad y wefan? (S.W.) Be ydy cyfeiriad y wefan? (N.W.)	*the website address* *What's the website address?*
cyfeiriad ebost y cwmni Mae cyfeiriad ebost y cwmni gyda fi. (S.W.) Mae gen i gyfeiriad ebost y cwmni. (N.W.)	*the company's email address* *I've got the company's email address.*
gwefan y banc Dw i'n methu agor gwefan y banc.	*the bank's website* *I can't open the bank's website.*
cyfrinair y cyfrif Dw i'n cofio cyfrinair y cyfrif.	*the account password* *I remember the account password.*
meicroffon y gliniadur Mae meicroffon y gliniadur yn gweithio.	*the laptop's microphone* *The laptop's microphone is working.*

inc yr argraffydd Mae inc yr argraffydd yn isel.	*the printer's ink* *the printer's ink is low.*
batri'r ffôn Ydy batri'r ffôn yn fflat?	*the phone battery* *Is the phone battery flat?*
cyfeiriad ebost Del Dw i wedi anghofio cyfeiriad ebost Del.	*Del's email address* *I've forgotten Del's email address.*
hunlun Beca Wyt ti wedi gweld hunlun Beca?	*Beca's selfie* *Have you seen Beca's selfie?*
cyfrifiadur Gareth Mae cyfrifiadur Gareth yn iawn.	*Gareth's computer* *Gareth's computer is fine/OK.*
tabled Taid Mae tabled Taid ar werth.	*Taid's tablet* *Taid's tablet is for sale.*

Wyt ti'n gwybod hanes y teulu?

ooeet teen gwee-bod hah-ness uh tay-lee?

Do you know the family history?

Y Dyfodol	*The Future Tense*
Fyddi di yn y cyfarfod *FaceTime* yfory?	*Will you (singular familiar) be in the* FaceTime *meeting tomorrow?*
Fyddi di'n anfon neges?	*Will you send a message?*
Fyddi di'n gadael sylw?	*Will you leave a comment?*
Fyddi di'n rhannu'r llun?	*Will you share the photo/ picture?*
Fyddi di'n copïo'r ffeil?	*Will you copy the file?*
Bydda. / Na fydda.	*Yes (I will). / No (I won't).*
Bydda i'n anfon neges yfory. (S.W.) Mi fydda i'n anfon neges yfory. (N.W.)	*I'll send a message tomorrow.*
Bydda i'n darllen y ddogfen nos yfory. (S.W.) Mi fydda i'n darllen y ddogfen nos yfory. (N.W.)	*I'll read the document tomorrow night.*
Fydda i ddim yn y cyfarfod *Teams*.	*I won't be in the* Teams *meeting.*
Fydda i ddim yn gadael sylw.	*I won't leave a comment.*
Fydda i ddim yn copïo'r ffeil.	*I won't copy the file.*

Fyddwch chi yn y cyfarfod *Skype* yfory?	*Will you (singular formal and plural) be in the Skype meeting tomorrow?*
Fyddwch chi'n anfon neges?	*Will you send a message?*
Fyddwch chi'n gadael sylw?	*Will you leave a comment?*
Fyddwch chi'n rhannu'r llun?	*Will you share the photo/ picture?*
Fyddwch chi'n copïo'r ffeil?	*Will you copy the file?*

Bydda. / Na fydda. Byddwn. / Na fyddwn.	*Yes (I will). / No (I won't).* *Yes (we will). / No (we won't).*

Byddwn ni'n anfon neges yfory. (S.W.) Mi fyddwn ni'n anfon neges yfory. (N.W.)	*We'll send a message tomorrow.*
Byddwn ni'n darllen y ddogfen nos yfory. (S.W.) Mi fyddwn ni'n darllen y ddogfen nos yfory. (N.W.)	*We'll read the document tomorrow night.*
Fyddwn ni ddim yn y cyfarfod *Zoom*.	*We won't be in the Zoom meeting.*
Fyddwn ni ddim yn anfon neges.	*We won't send a message.*

Bydda i wedi blino yfory. (S.W.)

buh-thah ee wed-ee bleen-oh uh-vohr-ee

I'll be tired tomorrow.

Mi fydda i wedi blino yfory. (N.W.)

Fydd Del yn y cyfarfod *Skype*?	*Will Del be in the Skype meeting?*
Fydd Beca a Taid ar-lein?	*Will Beca and Taid be online?*
Fydd hi'n cofio'r cyfrinair?	*Will she remember the password?*
Fydd e'n rhannu'r ffeil? (S.W.) Fydd o'n rhannu'r ffeil? (N.W.)	*Will he share the file?*
Fydd hi'n braf yn Awstralia yfory?	*Will it be fine in Australia tomorrow?*

Bydd. / Na fydd.	*Yes (he / she / it will). / No (he / she / it won't).*

Bydd Gareth yn prynu tabled yfory. (S.W.) Mi fydd Gareth yn prynu tabled yfory. (N.W.)	*Gareth will buy a tablet tomorrow.*

Bydd Del a Taid yn chwarae gêm heno. (S.W.) Mi fydd Del a Taid yn chwarae gêm heno. (N.W.)	*Del and Taid will play a game tonight.*

Bydd e'n ffonio heno. (S.W.) Mi fydd o'n ffonio heno. (N.W.)	*He'll phone tonight.*
Bydd e'n anfon ebost y bore 'ma. (S.W.) Mi fydd o'n anfon ebost bore 'ma. (N.W.)	*He'll send an email this morning.*
Fydd Taid ddim yn anfon atodiad.	*Taid won't send an attachment.*
Fydd Beca a Del ddim yn mewngofnodi.	*Beca and Del won't login.*
Fydd hi ddim yn cofio mewngofnodi.	*She won't remember to login.*
Fydd hi ddim yn gadael sylw.	*She won't leave a comment.*
Fydd e ddim yn cofio'r cyfrinair. (S.W.) Fydd o ddim yn cofio'r cyfrinair. (N.W.)	*He won't remember the password.*
Fydd e ddim yn newid y cyfrinair (S.W.) Fydd o ddim yn newid y cyfrinair. (N.W.)	*He won't change the password.*
Fydd hi ddim yn bwrw glaw yng Nghymru yfory.	*It won't rain in Wales tomorrow.*

Fyddan nhw yn y cyfarfod Zoom?	*Will they be in the Zoom meeting?*
Fyddan nhw'n dileu'r ddogfen?	*Will they delete the document?*
Fyddan nhw'n newid y cyfeiriad ebost?	*Will they change the email address?*
Fyddan nhw cofio'r cyfrinair?	*Will they remember the password?*
Fyddan nhw'n rhannu'r ffeil?	*Will they share the file?*

Byddan. / Na fyddan.	*Yes (they will). / No (they won't).*

Byddan nhw'n ffonio heno. (S.W.) Mi fyddan nhw'n ffonio heno. (N.W.)	*They'll phone tonight.*
Byddan nhw'n chwarae gêm yfory. (S.W.) Mi fyddan nhw'n chwarae gêm yfory. (N.W.)	*They will play a game tomorrow.*
Byddan nhw'n anfon neges y bore 'ma. (S.W.) Mi fyddan nhw'n anfon neges bore 'ma. (N.W.)	*They'll send a message this morning.*
Byddan nhw'n newid y cyfrinair yfory. (S.W.) Mi fyddan nhw'n newid y cyfrinair yfory. (N.W.)	*They will change the password tomorrow.*

Fyddan nhw ddim yn y cyfarfod *Discord*	*They won't be in the* Discord *meeting.*
Fyddan nhw ddim yn anfon atodiad.	*They won't send an attachment.*
Fyddan nhw ddim yn rhannu llun.	*They won't share a photo / picture.*
Fyddan nhw ddim yn mewngofnodi.	*They won't log in.*
Fyddan nhw ddim yn cofio'r cyfrinair.	*They won't remember the password.*
Fyddan nhw ddim yn newid y cyfrinair	*They won't change the password.*

Byddwch chi'n cael dogfen yfory. (S.W.) Mi fyddwch chi'n cael dogfen yfory. (N.W.)	*You (singular formal and plural) will receive a document tomorrow.*
Byddwch chi'n gweld yr atodiad wedyn. (S.W.) Mi fyddwch chi'n gweld yr atodiad wedyn. (N.W.)	*You will see the attachment afterwards.*
Fyddwch chi ddim yn cael neges yfory.	*You won't receive a message tomorrow.*
Fyddwch chi ddim yn mewngofnodi'n syth.	*You won't log in straight away.*

rhaid i fi (S.W.) rhaid i mi (N.W.)	***I must / have to***
Rhaid i fi anfon neges. (S.W.)	*I must send a message.*
Rhaid i mi argraffu'r llun. (N.W.)	*I have to print the photo / picture.*
Rhaid i fi bori ar y we. (< pori) (S.W.)	*I must browse on the web.*
Rhaid i mi dagio'r llun. (< tagio) (N.W.)	*I have to tag the photo / picture.*
Rhaid i mi frysio i'r cyfarfod. (< brysio) (N.W.)	*I have to rush to the meeting.*
Rhaid i fi ddarllen y ddogfen. (< darllen) (S.W.)	*I must read the document.*
Rhaid i mi wylio fideo. (< gwylio) (N.W.)	*I have to watch a video.*
Rhaid i fi fewngofnodi. (< mewngofnodi) (S.W.)	*I must log in.*
Rhaid i mi lenwi'r ffurflen ar-lein. (< llenwi) (N.W.)	*I have to fill in the form online.*
Rhaid i fi rannu'r ffeil. (< rhannu) (S.W.)	*I must share the file.*

Rhaid i ti edrych ar y we.	*You (singular familiar) must look on the web.*
Rhaid i ti ddod i'r cyfarfod *Teams*. (< dod) (S.W.) Rhaid i ti ddŵad i'r cyfarfod *Teams*. (< dŵad) (N.W.)	*You have to come to the* Teams *meeting.*
Rhaid i ti adael sylw. (< gadael)	*You must leave a comment.*

Rhaid i Del sganio llun.	*Del must scan a photo / picture.*
Rhaid iddo fe rannu'r llun. (< rhannu) (S.W.) Rhaid iddo fo rannu'r llun. (N.W.)	*He has to share the photo / picture.*

Rhaid i Beca newid cyfrinair.	*Beca must change a password.*
Rhaid iddi hi ddileu'r ffeil. (< dileu)	*She has to delete the file.*

Rhaid i ni agor y ddogfen.	*We must open the document.*
Rhaid i ni drafod yn y cyfarfod. (< trafod)	*We have to discuss in the meeting.*

Rhaid i chi allgofnodi.	*You (singular formal and plural) must log out.*
Rhaid i chi gadw'r ffeil. (< cadw)	*You have to save the file.*

Rhaid i Del a Taid anfon neges.	*Del and Taid must send a message.*
Rhaid iddyn nhw newid y cyfrifiadur.	*They have to change the computer.*

Oes rhaid i fi anfon neges? (S.W.)	*Must I send a message? / Do I have to send a message?*
Oes rhaid i mi bori ar y we? (< pori) (N.W.)	*Must I browse on the web?*
Oes rhaid i fi gofio'r cyfrinair? (< cofio) (S.W.)	*Must I remember the password?*
Oes rhaid i mi frysio i'r cyfarfod? (< brysio) (N.W.)	*Do I have to rush to the meeting?*
Oes rhaid i fi ddarllen y ddogfen? (< darllen) (S.W.)	*Must I read the document?*
Oes rhaid i mi lenwi'r ffurflen ar-lein? (< llenwi) (N.W.)	*Do I have to fill in the form online?*
Oes rhaid i ti ddod i'r cyfarfod *Teams*? (< dod) (S.W.) Oes rhaid i ti ddŵad i'r cyfarfod *Teams*? (< dŵad) (N.W.)	*Do you (singular familiar) have to come to the* Teams *meeting?*
Oes rhaid iddo fe adael sylw? (< gadael) (S.W.) Oes rhaid iddo fo adael sylw? (N.W.)	*Must he must leave a comment?*
Oes rhaid i Beca fynd ar-lein? (< mynd)	*Does Beca have to go online?*
Oes rhaid i ni sganio llun?	*Do we have to scan a picture/ photo?*
Oes rhaid iddyn nhw ddileu'r ffeil? (< dileu)	*Must they delete the file?*
Oes. / Nac oes.	*Yes. / No.*

Does dim rhaid i fi sganio llun. (S.W.)	*I don't have to scan a photo / picture.*
Does dim rhaid i mi gofio'r cyfrinair. (<cofio) (N.W.)	*I don't have to remember the password.*
Does dim rhaid i fi newid y cyfrinair. (S.W.)	*I don't have to change the password.*
Does dim rhaid i ti agor y ffeil.	*You (singular familiar) don't have to open the file.*
Does dim rhaid iddo fe anfon y neges. (S.W.) Does dim rhaid iddo fo anfon y neges. (N.W.)	*He doesn't have to send the message.*
Does dim rhaid i Beca ddilyn y seleb. (< dilyn)	*Beca doesn't have to follow the celebrity.*
Does dim rhaid iddi hi ddileu'r ffeil. (< dileu)	*She doesn't have to delete the file.*
Does dim rhaid i ni agor y ddogfen.	*We don't have to open the document.*
Does dim rhaid i chi gadw'r ffeil. (< cadw)	*You (singular formal and plural) don't have to save the file.*
Does dim rhaid iddyn nhw deipio'r cyfrinair. (< teipio)	*They don't have to type the password.*

Rhaid i fi gerdded rhagor! (S.W.)

rhide ee vee
gehr-thed rhahg-ohr

I must walk more!

Rhaid i mi gerdded rhagor! (N.W.)

15,000

Rhaid i fi beidio . . . (S.W.) / **Rhaid i mi beidio . . .** (N.W.)	***I mustn't . . .***
Rhaid i mi beidio â symud y llygoden. (N.W.)	*I mustn't move the mouse.*
Rhaid i fi beidio â newid y sgrin. (S.W.)	*I mustn't change the screen.*
Rhaid i mi beidio â lawrlwytho'r ddogfen. (N.W.)	*I mustn't download the document.*
Rhaid i fi beidio â mynd i'r wefan. (S.W.)	*I mustn't go to the website.*
Rhaid i mi beidio â dilyn selebs. (N.W.)	*I mustn't follow celebrities.*
Rhaid i fi beidio â thorri'r sgrin. (< torri) (S.W.)	*I mustn't break the screen.*
Rhaid i mi beidio â chlicio ar y ddolen. (< clicio) (N.W.)	*I mustn't click on the link.*
Rhaid i fi beidio â chopïo'r ffeil. (< copïo) (S.W.)	*I mustn't copy the file.*
Rhaid i mi beidio â phori drwy'r nos! (< pori) (N.W.)	*I mustn't browse all night!*
Rhaid i fi beidio ag allgofnodi. (S.W.)	*I mustn't log out.*
Rhaid i mi beidio ag argraffu'r ddogfen. (N.W.)	*I mustn't print the document.*
Rhaid i fi beidio ag edrych ar y neges. (S.W.)	*I mustn't look at the message.*

Rhaid i ti beidio â symud y llygoden.	*You (singular familiar) mustn't move the mouse.*
Rhaid i ti beidio â newid y sgrin.	*You mustn't change the screen.*
Rhaid i Beca beidio â gludo'r testun.	*Beca mustn't paste the text.*
Rhaid i Del beidio â lawrlwytho'r ddogfen.	*Del mustn't download the document.*
Rhaid i'r plant beidio â mynd i'r wefan.	*The children mustn't go to the website.*
Rhaid iddi hi beidio â dilyn selebs.	*She mustn't follow celebrities.*
Rhaid iddo fe beidio â thorri'r sgrin. (< torri) (S.W.) Rhaid iddo fo beidio â thorri'r sgrin. (N.W.)	*He mustn't break the screen.*
Rhaid i ni beidio â chlicio ar y ddolen. (< clicio)	*We mustn't click on the link.*
Rhaid i chi beidio â chopïo'r ffeil. (< copïo)	*You (singular formal and plural) mustn't copy the file.*
Rhaid i chi beidio â phori drwy'r nos! (< pori)	*You mustn't browse all night!*
Rhaid iddyn nhw beidio ag argraffu'r ddogfen.	*They mustn't print the document.*

RHAID I TI BEIDIO Â CHLICIO AR Y DDOLEN.

Rhaid i fi beidio â cholli'r gêm!

raeed ee vee
<u>bay</u>-dee-oh ah
<u>kchohll</u>-eer game

I mustn't lose the game!

Rhaid i mi beidio â cholli'r gêm! (N.W.)

Cyn …	*Before …*
Pryd byddi di'n anfon neges?	***When will you (singular familiar) send a message?***
Cyn i fi sganio'r llun. (S.W.)	*Before I scan the photo / picture.*
Cyn i mi newid y cyfrinair. (N.W.)	*Before I change the password.*
Cyn i fi agor y ffeil. (S.W.)	*Before I open the file.*
Cyn i mi argraffu'r ddogfen (N.W.)	*Before I print the document.*
Cyn i fi dagio'r llun. (< tagio) (S.W.)	*Before I tag the photo.*
Cyn i mi bori ar y we. (< pori) (N.W.)	*Before I browse on the web.*
Cyn i fi glicio ar y ddolen. (< clicio) (S.W.)	*Before I click on the link.*
Cyn i mi ddilyn Del. (< dilyn) (N.W.)	*Before I follow Del.*
Cyn i fi frysio i'r cyfarfod. (< brysio) (S.W.)	*Before I rush to the meeting.*
Cyn i mi ludo'r testun. (< gludo) (N.W.)	*Before I paste the text.*
Cyn i fi fynd i'r cyfarfod. (< mynd) (S.W.)	*Before I go to the meeting.*
Cyn i mi lenwi'r ffurflen. (< llenwi) (N.W.)	*Before I fill in the form.*
Cyn i fi rannu'r ffeil. (< rhannu) (S.W.)	*Before I share the file.*

Anfonodd hi neges (S.W.) … Mi wnaeth hi anfon neges (N.W.) …	*She sent a message …*

… cyn i ti agor y ffeil.	*… before you (singular familiar) opened the file.*
… cyn i Del ffonio Taid.	*… before Del phoned Taid.*
… cyn iddo fe newid cyfrifiadur. (S.W.) … cyn iddo fo newid cyfrifiadur. (N.W.)	*… before he changed computers.*
… cyn iddi hi argraffu'r ddogfen.	*… before she printed the document.*
… cyn i ni symud y ffeil.	*… before we moved the file.*
… cyn i chi allgofnodi.	*… before you (singular formal and plural) logged out.*
… cyn iddyn nhw anghofio'r cyfarfod	*… before they forgot the meeting.*

ANFONODD HI NEGES CYN I DEL ANGHOFIO.

MI WNES I ANFON NEGES CYN I TAID FFONIO DEL.

Ar ôl …	*After …*
Pryd byddi di'n argraffu'r ddogfen?	*When will you (singular familiar) print the document?*
Ar ôl i mi sganio'r llun. (N.W.)	*After I scan the photo / picture.*
Ar ôl i fi newid y cyfrinair. (S.W.)	*After I change the password.*
Ar ôl i mi agor y ffeil. (N.W.)	*After I open the file.*
Ar ôl i fi argraffu'r ddogfen (S.W.)	*After I print the document.*
Ar ôl i mi dagio'r llun. (< tagio) (N.W.)	*After I tag the photo.*
Ar ôl i fi bori ar y we. (< pori) (S.W.)	*After I browse on the web.*
Ar ôl i mi glicio ar y ddolen. (< clicio) (N.W.)	*After I click on the link.*
Ar ôl i fi ddilyn Del. (< dilyn) (S.W.)	*After I follow Del.*
Ar ôl i fi ludo'r testun. (< gludo) (S.W.)	*After I paste the text.*
Ar ôl i mi fynd i'r cyfarfod. (< mynd) (N.W.)	*After I go to the meeting.*
Ar ôl i fi lenwi'r ffurflen. (< llenwi) (S.W.)	*After I fill in the form.*
Ar ôl i mi rannu'r ffeil. (< rhannu) (N.W.)	*After I share the file.*

Anfonodd hi neges (S.W.) … Mi wnaeth hi anfon neges (N.W.) …	*She sent a message …*

… ar ôl i ti agor y ffeil.	*… after you (singular familiar) opened the file.*
… ar ôl i Del ffonio Taid.	*… after Del phoned Taid.*
… ar ôl iddo fe newid cyfrifiadur. (S.W.) … ar ôl iddo fo newid cyfrifiadur. (N.W.)	*… after he changed computers.*
… ar ôl iddi hi argraffu'r ddogfen.	*… after she printed the document.*
… ar ôl i ni symud y ffeil.	*… after we moved the file.*
… ar ôl i chi allgofnodi.	*… after you (singular formal and plural) logged out.*
… ar ôl iddyn nhw anghofio'r cyfarfod.	*… after they forgot the meeting.*

ANFONODD HI NEGES AR ÔL I NI ARGRAFFU'R DDOGFEN.

hoff	*favourite*

Beth yw dy hoff ... di? (S.W.) Be ydy dy hoff ... di? (N.W.)	*What's your (singular familiar) favourite ...?*

Beth yw eich hoff ... chi? (S.W.) Be ydy eich hoff ... chi? (N.W.)	*What's your (singular formal or plural) favourite ...?*

Cities: Skylines yw fy hoff gêm i. (S.W.) *Cities: Skylines* ydy fy hoff gêm i. (N.W.)	*My favourite game is* Cities: Skylines.
BBC Cymru Fyw yw fy hoff ap i. (S.W.) BBC Cymru Fyw ydy fy hoff ap i. (N.W.)	*My favourite app is BBC Cymru Fyw.*
Alexa yw fy hoff seinydd clyfar i. (S.W.) *Alexa* ydy fy hoff seinydd clyfar i. (N.W.)	*My favourite smart speaker is* Alexa.
Say Something in Welsh yw fy hoff wefan i. (< gwefan) (S.W.) *Say Something in Welsh* ydy fy hoff wefan i. (< gwefan) (N.W.)	*My favourite website is* Say Something in Welsh.
Yr *iPad* yw fy hoff dabled i. (< tabled) (S.W.) Yr *iPad* ydy fy hoff dabled i. (< tabled) (N.W.)	*My favourite tablet is the* iPad.

Animal Crossing yw hoff gêm Taid. (S.W.) *Animal Crossing* ydy hoff gêm Taid. (N.W.)	*Taid's favourite game is* Animal Crossing.
Golwg 360 yw ei hoff ap hi. (S.W.) *Golwg 360* ydy ei hoff ap hi. (N.W.)	*Her favourite app is* Golwg 360.
Siri yw ei hoff seinydd clyfar e. (S.W.) *Siri* ydy ei hoff seinydd clyfar o. (N.W.)	*His favourite smart speaker is* Siri.
Say *Something in Welsh* yw ein hoff wefan ni. (< gwefan) (S.W.) Say *Something in Welsh* ydy ein hoff wefan ni. (< gwefan) (N.W.)	*Our favourite website is* Say Something in Welsh.
Yr *iPad* yw eu hoff dabled nhw. (< tabled) (S.W.) Yr *iPad* ydy eu hoff dabled nhw. (< tabled) (N.W.)	*Their favourite tablet is the* iPad.

Dyma fy hoff barti erioed!

duh-mah vuh hoff bahr-tee eh-ree-oyd!

This is my favourite party ever!

mrys

Beca

uw

Del

elyth a Gareth

Nia

For Josh and Lowri Head.
Thanks for being the best siblings anyone could ask for.
- R. H.

I bob un sy'n dysgu Cymraeg.
- E. M.

Published by Handy Learners

An imprint of Rily Publications Ltd
PO Box 257, Caerphilly CF83 9FL

ISBN 978-1-80416-255-2

Design by Richard Huw Pritchard

Special thanks to Magw Jên Dafydd for kindly supplying the West Walian voice of Nia and to Gwenno Hughes for supplying the North Walian voice of Beca.

Published with the financial support of the Books Council of Wales.

Printed in Malta.